Ln 27 17278.

ACADÉMIE DES JEUX FLORAUX.

ÉLOGE

DE

M. LE COMTE JULES DE RESSÉGUIER,

Par M. Théophile DE BARBOT.

TOULOUSE,
IMPRIMERIE CH. DOULADOURE ;
ROUGET FRÈRES ET DELAHAUT, SUCCESSEURS,
RUE SAINT-ROME, 39.

1864.

ÉLOGE

DE

M. LE COMTE JULES DE RESSÉGUIER.

Messieurs,

Vous attendez de moi que j'exprime vos regrets ; que je leur cherche un adoucissement dans cette expression même ; que j'essaie, par un portrait fidèle, de vous faire retrouver un moment celui que vous avez perdu. Comment réaliser votre attente ? Que vous dirai-je que ne vous ait déjà dit ce nom qui vient de retentir, cet appel auquel il faut que je réponde ? Quels traits évoquerai-je que n'ait déjà évoqués l'heure qui nous rassemble, le lieu où nous sommes ? Vous avez devancé, vous devancerez mes paroles, et cette pensée qui me troublait me rassure : je ne serai pas seul dans le culte de cette chère mémoire ; elle sera devant vous comme elle est devant moi l'image que je voulais y placer, et vous suppléerez à ce que j'aurai pu omettre; ce qu'aura commencé ma bouche, votre cœur l'achèvera.

Bernard-Marie-Jules Comte de RESSÉGUIER était né à Toulouse le 28 janvier 1788. Sa famille, originaire du Rouergue, y jouissait, au xvie siècle, du bon renom que lui avaient donné la conduite de ses membres en temps de guerre, leur caractère de modération et d'équité dans les temps ordinaires, lorsque François Ier, voulant ouvrir un plus large ressort à cet esprit de conciliation et de justice, attacha une de ses branches au Parlement de Toulouse. Elle y produisit de fertiles rejetons ; ni les fruits ni les fleurs n'y manquèrent; et pendant que le Parlement y prenait, de génération en génération, de savants magistrats, l'Académie y cueillait de spirituels Mainteneurs. Son père avait, avec ces deux titres, tous les dons qui les justifient, et ils avaient brillé d'un éclat rehaussé par le contraste de son âge et des fonctions qui lui furent successivement déférées. Avocat général à vingt-trois ans, il était procureur général dix ans après. L'année qui lui donnait un second fils — je n'ai pas besoin de vous faire connaître celui qu'il avait déjà, — fut pour lui et pour ses collègues une année d'épreuve.

La situation de la France à cette époque, entre l'Assemblée des notables et l'Assemblée constituante, n'a pas de traits plus frappants que l'embarras des Parlements. Qu'allaient faire, dans l'incertitude sur la marche et le triomphe des idées de liberté, sur les résultats de ce triomphe, ces grands corps qui représentaient ces idées dans une certaine mesure, qui répondaient dans les institutions de l'ancienne monarchie, telles qu'elles s'étaient par degrés modifiées, au besoin de contrôle et de limite? Ils firent ce qu'ils avaient fait dans le passé, ce qui était pour eux une tradition, ce qui leur parut un devoir. Et cependant il est vrai que leur résistance, que le mouvement de fêtes et de popularité qu'elle produisit, furent comme autant d'impulsions au torrent toujours croissant. Après lui avoir été une aide et un moyen, ils ne purent, plus tard, lui être un obstacle; et il semble que, destinés à soutenir l'ancien édifice, ils aient été condamnés par la force de leurs antécédents passés, et par la force présente des choses, à contribuer à l'ébranler. M. de Rességuier avait montré à ses collègues, dans la délibération sur les édits bursaux, les inconvénients et les dangers du rejet ; il avait répondu ainsi à la confiance du roi; plus tard, lorsque M. de Brienne essaya de donner de nouveaux juges à la France, il répondit à celle de ses collègues en s'associant à leur disgrâce; plus tard encore, en 1790, il justifia l'attente commune, en provoquant et en rédigeant la protestation du 25 septembre : protestation glorieuse, mais qui ne put rien pour ce qu'elle essayait de défendre, qui n'eut d'effet que contre ceux qui la signèrent ! ce fut l'exil pour ceux qui, comme M. de Rességuier, prévirent quel serait le ressentiment des novateurs, quelle serait plus tard leur justice; pour ceux qui eurent moins de pénétration et plus de confiance, pour presque tous, ce fut la mort : la mort au même lieu, le même jour ; et l'on eût dit que l'antique

Parlement, comme il rassemblait autrefois toutes ses chambres pour délibérer, les avait rassemblées pour mourir : l'échafaud fut leur dernier siége.

C'est le signe attaché à l'existence de tous les contemporains de notre regretté Poëte, qu'on ne puisse remonter à leurs premières années, sans trouver, non-seulement dans la vie de leurs parents, mais dans la leur propre, quelque trace de l'universel orage. L'enfance ne fut pour aucun ce qu'elle eût été à une autre époque. Celle des deux fils du Procureur général proscrit eut son temps de prison. Après le départ forcé de leur père, que leur mère suivit promptement sur la terre étrangère, ils étaient restés auprès de leur aïeule, la présidente de Rességuier. Elle veillait sur eux avec amour ; mais bientôt, arrêtée et enfermée à la Visitation, elle ne put plus rien. Une fois par jour, à l'heure convenable, on les menait promener sur le rempart aux points les plus rapprochés, et elle les apercevait de loin. Il fallut qu'elle leur fît partager sa prison, pour qu'elle pût leur faire retrouver une portion de ses soins ; il fallut que le neuf thermidor ouvrît pour un moment la porte à tout le monde, pour que la grand'mère pût sortir avec ses petits-enfants, pour qu'elle pût regagner avec eux l'hôtel désert de la famille.

Un hôte précieux vint bientôt en interrompre la solitude. Celui qui devait être plus tard l'historien du passé de l'Académie, le zélé promoteur de son rétablissement, l'organe fidèle des premières années de sa résurrection, M. Poitevin, avait été pour l'ancien procureur général, au premier temps de sa jeunesse, un guide et bientôt un ami ; il fut un conseil et un appui pour ce qui restait de sa famille. Il aida l'aïeule dans la conduite des affaires ; il fit pour l'éducation des enfants tout ce que permettaient les influences contraires. Quelles études sérieuses étaient possibles, dans la vie d'alors, entre les épreuves de la veille et les craintes du lendemain, avec l'impossibilité de toute suite et de toute émulation ? Ses soins cependant ne furent pas perdus ; ses exemples furent féconds. M. Poitevin était resté fidèle au culte des Lettres, et le goût du vieux Mainteneur pour la poésie, cette facilité, cette verve qui éclatait en toute occasion, ne fut pas une initiation inutile pour le Mainteneur futur. L'esprit est de toutes les situations et de toutes les saisons ; il se communique d'un âge à l'autre comme au flambeau qui va s'éteindre s'allume le flambeau qui va briller : peut-être quelques-uns des vers, dont a retenti plus tard l'enceinte où nous sommes, avaient leur étincelle dans ceux répétés par les échos du solitaire hôtel ; et en un coin de ses grands appartements déserts, dans le petit cercle qu'égaye un moment de poétique joie, il me semble voir sur le front de l'enfant qui écoute le signe de l'homme qu'on écoutera un jour.

Il fallut cependant une autre impulsion pour faire jaillir le feu caché ; il fallut l'influence d'un autre moment. Douze années se sont écoulées ; le vide du grand hôtel va être à demi comblé. Elle arrive celle qui a été si longtemps absente ; la voilà cette mère que vos bégayements d'enfant vainement appelaient ; voilà les traits charmants que cherchait votre imagination de quatorze ans ; chantez, jeune Poëte !

La tendresse filiale fut sa première Muse, et son premier chant, un chant de bonheur. Bonheur qui était bien incomplet, qui fut bien court! Le père, rentré en secret à Paris, qu'il avait choisi comme l'asile où l'on peut le mieux cacher sa vie, y était mort avant d'avoir revu sa femme et ses enfants ; la mère alla bientôt rejoindre le père, la grand'mère avait précédé, et les deux frères, redevenus orphelins, furent de nouveau l'un pour l'autre toute leur famille ; la solitude du grand hôtel recommença.

Elle ne pouvait durer toujours ; elle ne pouvait garder la jeunesse après avoir enfermé l'enfance : l'âge venait ; le monde devait s'ouvrir. Mais ce monde était celui de l'Empire ; qu'iraient y faire les fils d'un des chefs de l'ancien Parlement? Quel aliment le jeune inspiré de l'amour filial irait-il y chercher à sa poétique nature? La guerre était tout alors, même la poésie : c'était elle qui déroulait les émouvantes scènes, et qui en changeait à chaque instant le théâtre ; tantôt lui donnant pour cadre l'azur du ciel de l'Andalousie, tantôt le ciel brumeux de la Pologne. Ce bruit et cet éclat qui tenaient l'Europe attentive, ne rejaillirent pas en vain jusqu'à notre futur poëte, et bientôt sa résolution est prise : il entrera dans l'armée ; l'attraction qu'il sent en lui sera plus forte que la répulsion qu'il lui semble voir autour de lui. Il cherchera dans les camps et sous l'uniforme, l'aliment de sa jeune imagination, l'ornement de ses vingt ans ; et ceux qui se rappellent, peuvent dire, mais ne pourront pas dire tout à fait ce qu'était sous sa pelisse flottante le jeune sous-lieutenant de hussards.

Entré à seize ans à l'Ecole militaire, il s'y était fait connaître bientôt par une Epître sur la vie qu'on y mène, et ses vers peu enthousiastes du régime et de la discipline avaient eu un double effet. Ses camarades y applaudirent et les répétèrent; ses maîtres ne les répétèrent pas, mais les trouvèrent assez bien faits pour dispenser l'auteur de la classe de littérature. Il ne profita pas de la dispense des maîtres, mais il profita de la bienveillance et de la sympathie des camarades. Aux Epîtres succédèrent les Couplets; ils animèrent sa vie de l'école; ils délassèrent sa vie des camps; ils marquèrent ses étapes sur les routes et dans les champs de l'Allemagne, sur la route et dans les plaines de l'Andalousie; mais sous l'un et l'autre ciel, la santé du corps finit par ne plus répondre à l'élan de l'esprit; il ne put supporter la fatigue de la campagne de 1807 en Allemagne et en Pologne, de celle de 1809 en Espagne. A une longue et grave maladie, suite de la première, en succéda une autre plus longue et plus grave, suite de la seconde, et celle-ci marqua la fin de sa carrière militaire et le commencement de l'existence qu'il devait se faire et qui lui était propre.

Paris lui ouvrit ses salons, Paris où il devait trouver la compagne qui a fait le bonheur de sa vie, et le secret du talent qui en a fait l'éclat; Toulouse n'avait pas à lui ouvrir les siens; sa place y était toute marquée.

Le moment n'était pas à la Littérature; mais le mouvement des esprits en France ne consiste pas seulement dans ce qui s'écrit, et si les temps de l'Empire avaient produit peu d'écrivains brillants, ils tenaient d'une autre époque beaucoup de spirituels causeurs.

A Paris, où il passa la première année qui suivit l'affermissement de sa santé, il rencontrait dans l'intimité d'un de ces salons où les inégalités diverses s'effaçaient dans une politesse égale et une commune distinction d'esprit, quelques-uns de ceux qui savaient le mieux faire revivre le passé de la conversation française : le comte de Narbonne, le chevalier de Panat, le comte de Ségur.

A Toulouse, où il s'établit après son mariage, il trouva une société aimable et animée ; brillante dans les réunions du soir, où ce qui frappe les yeux n'était pas la seule parure qu'on voulût et qu'on sût admirer chez les femmes ; piquante dans les réunions du matin où les hommes luttaient de verve. Un spirituel étranger y disait, après une initiation de plusieurs jours : Il faut que je vous quitte ; je croyais avoir de l'esprit, mais je m'aperçois qu'avec vous j'en ai toujours trop tard.

Le retour de la paix et de la monarchie fit un double effet sur ses sentiments de royaliste et sa nature de poëte ; il ne se contenta pas de partager l'émotion générale, il la chanta, et les refrains populaires dont il avait fourni les paroles, ne furent pas les moins sonores et les moins répétés.

Mais des Couplets ne pouvaient être le dernier mot d'un esprit comme le sien. Le commerce des hommes supérieurs, le spectacle de la France, dans ce moment où la parole reprend ses droits partout, lui montre quel usage on peut faire de l'esprit, et ce qu'il peut faire du sien ; il sent à la fois ce qu'il a et ce qui lui manque ; il ne le sent pas en vain. Ses années de jeune homme font ce que n'ont pas fait ses années d'écolier. Sa vie désormais n'a pas seulement le côté brillant du monde, où le charme de son esprit et les grâces de sa jeunesse lui donnent tant d'avantages , elle a aussi le côté utile et les relations sérieuses Le soir, il ne recherche pas uniquement les conversations frivoles ; le matin il ne fréquente pas exclusivement ses adversaires ou ses seconds du duel des Refrains et des Couplets ; et lorsque le livre de Mme de Rémusat apprit à la France qu'elle avait un écrivain remarquable de plus : lorsque Saül et Clytemnestre, lorsque les Machabées lui firent inscrire deux noms nouveaux sur la liste de ses auteurs dramatiques, ce qui fut une révélation pour elle ne le fut pas pour lui : il avait pu juger de la portée du livre dans les conversations de l'auteur ; il avait pu juger des vers dans les confidences des Poëtes.

Il s'était présenté en 1816 à l'Académie, et l'Académie s'était empressée d'inscrire pour la cinquième fois sur ses listes un nom qui lui était déjà si cher , qui allait lui être plus cher encore. Il paya dans cette première partie de sa vie académique et ses dettes de Mainteneur, et une dette plus sainte ; rien de plus élégant dans sa brièveté que son Remercîment, de plus gracieux que son Eloge de Clémence Isaure, de plus ému que son Eloge de M. Poitevin. On ne pouvait mettre plus de cœur dans l'un , plus d'à-propos dans l'autre ; dans le Remercîment plus d'esprit à dire qu'on n'en a pas, et qu'on est indigne. Ceux qui, dans les séances publiques, autres que celles du 3 Mai, l'ont entendu dire des vers, et c'est un souvenir qui a dans ma mémoire la fraîcheur des dix-huit ans que j'avais alors, ceux qui ont entendu dans les mêmes années les fragments que le chantre de Jeanne d'Arc détacha de son Poëme, savent quel éclat prêtait à ces séances les vers des deux amis et les accents de leurs voix.

Cette époque est une époque remarquable dans l'histoire de l'Académie : reformée en 1806, elle avait vu successivement ses Fêtes et ses Recueils briller des vers du Poëte que je viens de désigner, de celui qui, par la peinture de Saül, cet Oreste de l'antiquité sacrée, par celle d'Oreste, ce Saül de l'antiquité profane, semblait appartenir à la fois aux deux opinions rivales, et marquer la transition d'une école à l'autre ; et alors elle couronnait d'année en année les premières inspirations de celui qui devait être le chef de l'école nouvelle, de celui qui ne peut cesser d'être pour nous le lauréat de nos plus belles fêtes, le chantre de nos plus harmonieux concerts. Le rétablissement de la statue d'Henri IV, les vierges de Verdun, Moïse, Quiberon, brillent dans nos Recueils d'un éclat, qui là ne peut souffrir d'aucune parenté, d'aucun voisinage. Le courant de Poésie qui s'y montre ainsi à sa source, a pu prendre un cours que ne traçait pas son premier essor ; il conserve là sa pureté première. C'est dans ce miroir intact qu'apparaît à l'Académie l'image du jeune Poëte qu'elle couronna ; c'est là qu'elle continue de le regarder ; là, que lui-même un jour peut-être reportera sa vue, heureux à la fois de se souvenir et d'oublier.

M. de Rességuier n'avait pas été le dernier à s'émouvoir à ces accents harmonieux, à ces élans sublimes ; il entra en correspondance avec l'adolescent qui était déjà un grand poëte ; correspondance curieuse et qui montre la prose du jeune lauréat coulant de la même source et dans le même sens que ses vers : c'est la même direction d'idées, la même expansion de sentiments doux et purs. Nos fleurs sont bien pour lui des fleurs, nos fêtes des fêtes. Il a un filial amour pour ceux qui les célèbrent, une fraternelle sympathie pour celui qui, comme lui, est poëte, que sa prose lui fait juger presque aussi jeune que lui; il en fait un portrait où son imagination devine juste, et impatient de le connaître, il lui écrit : Venez. Ces lettres, celles de Soumet, qui lui montraient de jeunes poëtes, et une jeune Muse, préludant aux concerts d'une poésie nouvelle ; les vers déjà publiés qui semblaient commencer le concert; tout ce murmure de gloire naissante et de poésie qui lui arrivait à Toulouse distinct et sonore, plus sonore et plus distinct à la campagne où sa *petite maison* se bâtissait alors, avait en lui un grand retentissement. L'attraction de Paris se faisait sentir de plus en plus ; y résisterait-il ? Délicate question que l'imagination et la raison agitaient, que l'amitié trancha. M. de Rességuier avait rencontré M. de Peyronnet à Bagnères-de-Bigorre en 1812, et dans cette vie des eaux qui associe pour quelque temps des existences séparées avant, séparées après, la rencontre était devenue une liaison de tous les jours, la liaison une amitié de toute la vie. Des lettres fréquentes l'avaient entretenue et fortifiée ; et cette correspondance, continuée d'année en année, n'avait rien perdu, en 1822, de sa vivacité ; il n'y avait de changé que la situation d'un des amis : l'avocat était devenu ministre. Il présidait le Conseil d'Etat. et il songea, à la première vacance, qu'elle pouvait y amener un ami pour lui, pour le Conseil un intelligent maître des requêtes. Les hésitations du poëte cessèrent, quand il vit que Paris, ce ne serait pas seulement pour lui sa vocation poétique à suivre, ce seraient des devoirs honorables à remplir. Il y fut, dès le début, bien posé et dans le monde et dans la littérature. Lié déjà avec Soumet, avec Guiraud, accueilli par suite et choyé dans le salon de M. Deschamp, dans celui de Charles Nodier, il fut bientôt l'ami et le frère d'armes de la poétique avant-garde, et lorsque le drapeau de la jeune armée fut déployé avec la devise inscrite dans la Muse française :

Sur des pensers nouveaux faisons des vers antiques,

il était au premier rang de ceux qui devaient le défendre, de ceux qui devaient chanter et écrire.

Un grand mouvement littéraire accompagne presque toujours les époques remarquables : l'établissement du gouvernement représentatif, ce don de joyeux avénement de la Monarchie restaurée, l'union sous cette forme des traditions anciennes et des aspirations nouvelles, devait être marqué de ce signe : ce signe ne lui manqua pas. La poésie et la prose, le roman et l'histoire, l'éloquence et la critique, vinrent successivement en approfondir l'empreinte, en rehausser le relief. Des mains nombreuses y travaillèrent, et la quantité pas plus que la qualité ne fit défaut. Les chefs, comme toujours, avaient précédé l'armée, les maîtres avaient précédé l'école : Châteaubriand avait montré, au commencement du siècle, ce qu'on peut puiser dans la source chrétienne, quels tableaux elle peut réfléchir, quels murmures elle peut répandre : Mme de Staël, ce qu'on peut prendre dans les littératures étrangères, et plus récemment M. de Lamartine, se servant des vers comme M. de Châteaubriand s'était servi de la prose, avait donné l'exemple de cette poésie qui se passe de sujets déterminés, de genre propre, qui se suffit à elle-même, et qui a pour centre et pour unité le poëte. C'est ce caractère personnel, individuel, qui devait finir par être le caractère principal, le caractère persistant de la nouvelle école; et le développement du romantisme a sa vraie cause, sa vraie source, dans l'état de la France : il est une application de la définition de M. de Bonald que la littérature est l'expression de la société. A cette société si diverse par ses membres, par les sentiments, par les idées, par les événements qui avaient marqué la vie de chacun, il fallait une littérature diverse comme elle. Sans doute, l'imitation des littératures étrangères, le retour aux impressions religieuses, aux souvenirs du moyen âge et de la chevalerie, l'abandon des souvenirs mythologiques furent au nombre des causes et des exemples qui amenèrent cette évolution nouvelle de l'esprit français, au nombre des effets qui la suivirent; mais le principal caractère fut le caractère personnel. Le principal changement fut la fantaisie à la place de la tradition, l'enseignement des personnes et des choses, l'enseignement de la vie, au lieu de l'enseignement des livres et des maîtres; et comme pour justifier cette éducation nouvelle, il sembla qu'à la grandeur des impressions qui avaient servi de leçons, qu'à la supériorité de la vie, répondait la supériorité de l'élève : ce n'est pas seulement le grand précurseur de la nouvelle religion littéraire qui avait reçu l'ébranlement de la vie d'aventure et de voyage ; ce qu'avaient été pour sa jeunesse les grandes forêts de l'Amérique s'agitant au souffle de leurs grands orages et de leurs grands fleuves ; les plaines et les montagnes d'Espagne, bouleversées par la guerre, le furent pour l'enfance de celui qu'il appelait l'enfant sublime ; pour l'enfance de celle que je n'ai pas besoin de nommer, mais dont le rang, comme écrivain, n'est douteux pour personne.

Dans ce nouveau monde littéraire, ainsi préparé, ainsi formé, il devait y avoir une place pour tous ceux qui, distingués par eux-mêmes, par leur manière de sentir et de penser, par tout ce qui fait la personnalité, et la rend brillante, sauraient la faire passer dans leurs écrits, et donner à leur poésie ou à leur prose la forme élégante de leur personne et de leur vie ; il dut y en avoir une pour notre confrère, et j'aurai marqué quel rang lui était promis, si, avant de montrer ce que fut le poëte, j'ai montré ce qu'était l'homme ; si j'ai réussi à reproduire en quelques pages, ce que voulaient dire alors, ce qu'ont voulu dire depuis ces seuls mots : Jules de Rességuier.

Ils voulaient dire la grâce, l'inaccoutumé, l'inattendu : on ne pouvait le voir et l'entendre sans qu'il se fît une place à part dans les impressions, sans qu'il en laissât une distincte dans les souvenirs. Il était lui ; lui, comme homme du monde ; lui, comme poëte ; lui, comme poëte et homme du monde à la fois ; car il fondit ensemble ces deux natures, et donna l'unité au mélange.

Il avait une manière à lui, une forme imprévue sur un fond connu, une allure propre sur une route battue.

L'entrain de son esprit ne dépendait pas de ceux qui l'entouraient. La conversation n'était pas pour lui l'échange où l'on pèse, où l'on mesure, où l'on proportionne ce qu'on donne à ce qu'on reçoit. Il donnait sans compter : il trouvait toujours à composer son miel, à filer sa soie ; il n'y fallait pas certaines feuilles, certaines fleurs : il les goûtait quand leur suc et leur parfum s'offraient à lui ; il y suppléait, quand elles manquaient.

Il se suffisait à lui-même, et pas seulement chez lui ; chez les autres au besoin et dans les autres ; il n'avait guère moins de verve dans les magasins où il achetait ses gants, que dans le salon où il disait ses vers.

Ce qui n'est pour tous que le sol vacant et improductif du lieu commun était pour lui le sable qui recèle des paillettes d'or. Il n'avait pas besoin de les chercher : il était sûr qu'elles y étaient, et qu'il les trouverait.

Ses mots flatteurs plaisaient par la forme, même quand on n'osait en accepter le fond ; quand on ne laissait pas l'attrait de l'amour propre se joindre à l'attrait de l'esprit. Ses mots piquants ne s'enfonçaient pas ; il n'en avait pas aiguisé la pointe ; il ne retournait pas le fer dans la plaie. Ses mots aimables charmaient

Il avait l'esprit hospitalier comme le cœur ; la porte était ouverte à tous les genres, à ceux qui s'éloignaient du sien, comme à ceux qui s'en rapprochaient. Il savait écouter le spirituel causeur : pas d'auditeur plus éclairé, pas de meilleur juge, quel que fût l'interlocuteur ou l'ouvrage.

Et cependant il y avait des sujets qu'il n'abordait pas à lui tout seul, et dont il se détournait bientôt ; et si l'on parlait la langue des choses profondes, si l'on prenait le sentier des hauteurs, il s'arrêtait à l'exclamation sur le premier site, au premier mot heureux rencontré. Le mot brillant l'arrêtait en le captivant ; c'était pour lui comme un gîte.

Et cependant encore on était quelquefois étonné à la fin du mot qu'il appliquait à ce qu'il vous avait laissé dire sans y rien mêler.

Il saisissait au delà de ce qu'il savait, il savait au delà de ce qu'il avait appris ; il semblait qu'il y eût en lui plus de faculté qu'il n'en avait exercé, plus d'étendue qu'il n'en avait mesuré ; la route n'était pas tracée jusqu'au bout et il n'essayait pas habituellement d'y arriver. Parfois il s'y trouvait tout à coup et comme à son insu. On eût dit que chez lui la volonté avait fixé à l'esprit certaines limites à ne pas dépasser, certaines régions à éviter, comme on évite, pour les organisations délicates, l'air trop léger des sommets, ou l'air trop lourd des profondeurs.

L'esprit a deux côtés : l'un caché que l'on cultive et dont on jouit en secret ; l'autre apparent, dont on fait jouir les autres. C'était celui-là qui dominait en lui et qu'il cultivait de préférence, qu'avait dû surtout développer son éducation, œuvre des choses plus que des livres.

Tel était son caractère de sociabilité, qu'il se retrouvait même dans l'exercice de ses facultés de poëte. La plupart écrivent leurs idées; ils ont besoin de les voir : lui avait besoin de les entendre. Ses vers ne se faisaient pas sur le papier, mais dans sa tête, sans la plume, et avec la voix : sa pensée se développait, non de ligne en ligne, mais d'intonation en intonation. Il pouvait alors se passer de solitude; il pouvait dire un vers d'abord, un autre plus tard, dire autre chose dans l'intervalle. Il y avait une place pour l'ami qui l'avait surpris sans le déranger.

Ce qu'il savait, il semblait plutôt l'avoir deviné que de l'avoir appris. Discutait-on règles et principes, ce n'était ni la grammaire, ni le dictionnaire qu'il allait chercher, il citait un vers de Racine ou de Lamartine, de Corneille ou de Victor Hugo. Il aimait mieux avoir l'air d'ignorer, que d'avoir l'air de professer ; avoir l'air d'avoir tort, que d'avoir trop raison.

Il aimait le monde, mais surtout comme occasion, comme texte.

Il aimait la nature, mais comme cadre, comme ornement, pendant un quart-d'heure de promenade dans une allée, pendant une heure de repos sur un banc ; il aimait les Pyrénées de sa fenêtre.

Ce qu'il aimait complétement, c'étaient les siens; pas de jour d'absence qui n'apportât une lettre à sa femme. Ses fils ! il les traitait comme des amis, et tels étaient le père et les enfants, que cette familière intimité n'eut jamais que de douces fleurs, que des fruits savoureux.

Il y avait tant de prévenance dans ce qu'il disait, dans ce qu'il témoignait, qu'il semblait ne pouvoir être impunément pris au mot ; et si on l'essayait, l'obligeance de l'action répondait à celle des paroles.

La bienveillance n'était jamais inactive en lui ; elle se répandait au dehors, écartant, effaçant les barrières d'âge et de rang ; il était Jules pour tout le monde.

Tel était l'homme, tel fut le poëte ; tel il se montra dans les Tableaux poétiques qui parurent en 1828, dans les Prismes qui suivirent en 1838, dans ses dernières Poésies ; trésor précieux que sa famille n'a pas voulu garder pour elle seule, qu'elle vient de communiquer à ses amis, dont le public, j'espère, aura un jour sa part.

Ses Tableaux, car le titre est fidèle, se succèdent avec cette juste mesure qui aiguise l'attention et ne l'émousse pas. Les sujets en sont simples et variés : c'est une réflexion, une rêverie, une impression, un récit ; c'est le portrait de sa mère : — Le culte de l'homme continue le culte de l'enfant. — La galerie est bien disposée, et s'éclaire tour à tour à la lumière étincelante des bougies, à la lumière reposée de la lampe ; mais jamais assez longtemps pour qu'on puisse être blessé de l'éclat ou fatigué du demi-jour. On a la liberté de quitter le livre, on a l'envie de le reprendre. Ses vers entrent dans la vie du lecteur comme ils étaient entrés dans la vie de l'auteur.

Dans les Prismes, c'est la même grâce, la même élégance de formes, la même délicatesse de couleurs ; mais la lumière qui éclaire les objets a une source plus intérieure. On y est plus souvent au coin du feu avec le Poëte, à l'heure où le bal commence et où il faudrait partir ; et comme lui on se plaît à y rester, à y veiller sans compter les heures, à y entendre le bal qui rentre ; comme lui on s'étonne qu'il rentre si tôt, et que ce soit si tôt le matin.

Dans les dernières Poésies, on se sent, dès les premiers vers, sous un autre horizon. Ce n'est plus Paris. c'est Toulouse d'abord, la *petite maison* ensuite, c'est presque toujours la campagne. Sa muse ne s'est pas faite bergère cependant ; elle aurait au besoin toutes ses parures. La source, en revenant au vallon, y a reporté ses paillettes d'or que son passage dans la plaine n'a pas épuisées ; elle y a rapporté les murmures que le bruit des cités n'altère plus. Il semble qu'en les écoutant on respire, avec l'air pur de la campagne, la vérité de ce vers :

A tous les cœurs sereins, tous les cieux sont d'azur.

Et quand on est arrivé aux vers qui sont les derniers du Poëte, à ce chant du cygne où flottent sur ces paroles qui reviennent :

Ah ! ne nous plaignons pas,

des images de deuil et de fête, de jeunesse et de déclin, mélange dans lequel lutte la joie et la peine, mais dans lequel la joie surnage, on ne se plaint plus, si l'on se plaignait ; on félicite le poëte et l'homme.

Sa poésie, prise dans l'ensemble des trois volumes, et jugée sur l'impression qu'ils laissent, ne ressemble complétement à aucune autre. Elle ne s'inspire ni de la nature, ni des événements ; mondaine par un côté, intime par l'autre, elle n'est pas sous le premier rapport ce qu'on appelait au siècle précédent poésie légère. Celle-là pouvait être ramenée à deux types : l'Epigramme ou le Madrigal. On y trouvait avec le poëte celui ou celle à qui il s'adressait. Il y avait deux noms propres; ici il n'y en a qu'un ; le poëte est seul, seul avec sa fantaisie, tour à tour mondaine et retirée. Les pensées qui lui viennent, les objets qui lui apparaissent, lui sont une occasion plutôt qu'un sujet, un cadre plutôt qu'un modèle. Il ne poursuit aucun but déterminé : c'est la route qui est le but ; la route où son imagination se promène, où sa voix chante. Si un portrait naît sous sa main, l'original n'a pas posé sous ses yeux. Il a regardé, non dans un miroir, mais dans ce mirage des horizons du rêve où la pensée se plonge un moment, mais d'où elle se retire quand il n'y a plus que le désert. Il réunit des traits épars, et il met au bas le nom d'Agnès de Picardie ou du maréchal de Boucicault.

Elle n'est pas non plus, sous le second rapport, celle qui approfondit et médite, qui entend partout le son de Dieu, et le répète en bénissant; ou qui écoute en vain et gémit de ne pas l'entendre.

Quelquefois dans l'harmonie de ses vers semble retentir un moment comme un prélude du grand concert. Il est près de toucher les notes profondes, mais il s'arrête ; le Poëte s'arrête à la note brillante, comme le causeur s'était arrêté au mot heureux. Il se détourne du frisson qui allait saisir le cœur, et s'en tient au sourire qui épanouit les lèvres. Il met bien son âme dans ses vers, mais sans la déplacer en quelque sorte, sans perdre la faculté de la retirer. Il ne s'absorbe pas dans ses compositions ; il ne vit pas de leur vie, il les fait vivre de la sienne.

Ces pièces diverses, qui semblent d'abord n'avoir aucun lien entre elles, en ont un cependant ; elles en ont un dans le Poëte. On peut y suivre d'un volume à l'autre, et presque d'une inspiration à la suivante, les changements qui se font en lui. On peut y voir l'éblouissement du monde diminuer par degrés à ses yeux, le rayonnement du foyer augmenter, la vraie lumière s'étendre. On peut y entendre le bruit qui retentissait dans ses années de jeunesse, bruit où se détachaient les mots d'amour, de gloire, tous les mots magiques d'ici-bas, s'affaiblir par degrés ; la voix des sentiments durables s'affermir, la voix d'en haut devenir plus distincte ; on va du jeune homme à l'homme du monde, de l'homme du monde au poëte, du poëte au chrétien.

Ses vers ont la marche naturelle de l'idée : les mots y viennent dans l'ordre que leur aurait donné la prose, et cependant avec une richesse de rime qui devrait être une entrave, et qui semble une facilité. On dirait que sur ces deux syllabes parfaitement identiques, comme sur deux roues parfaitement égales, le vers se dégage plus vite et que le son et le sens toujours d'accord y impriment une impulsion double. Aucune inversion, aucun de ces ornements qui sont un poids, et qui ne sont pas une parure : aucune périphrase ; le mot de la chose, et quel qu'il soit, il a l'élégance qu'étendent sur lui les mots qui le précèdent, et ceux qui le suivent : il se pare de leur arrangement.

A comparer sa poésie à d'autres du même genre, on

est tenté d'appliquer à la sienne ce qu'il dit d'une des femmes de ses portraits de fantaisie :

> La mieux mise et la moins parée.

Il y a dans la succession des mots et l'enchaînement des vers, dans l'arrangement des détails et la combinaison de l'ensemble je ne sais quelle réserve et quelle grâce, quelle sobriété et quelle élégance.

Nulle part on ne sent mieux le charme de trouver l'idée la plus simple, le plus simplement exprimée ; de la trouver dans ce cadre du vers qui conserve, avec cette harmonie de la rime qui prolonge.

La forme lui appartient toujours, même quand le fond ne lui appartient pas : elle est toujours un ornement, quelquefois un voile ; quelquefois il y a dans ses vers cette fraîcheur délicate, cette lueur transparente des gouttes de rosée qui brillent au soleil, qu'il faut regarder, mais qu'il ne faut pas toucher.

On a dit que notre époque avait vu les derniers salons, et qu'il en était le dernier poëte. Ce ne sera pas juste pour les salons, comme présage, j'espère ; et ce ne l'est pas pour lui, comme appréciation. Sa verve ne s'allumait pas seulement à l'éclat des bougies, elle s'allumait aussi aux rayons du foyer ; la *petite maison* de la vallée muette l'excitait aussi bien que le grand hôtel de la rue bruyante, et elle trouvait son souffle dans l'air des champs comme dans l'air de Paris.

Il est vrai cependant que si sa muse n'habitait pas toujours les salons, elle y était toujours de mise ; on y pouvait toujours lui donner la parole ; et ce qu'elle avait à dire était toujours dans la mesure, dans le caractère de ce qu'on y goûte.

Il est vrai aussi que c'était là que ses vers, quand il les y disait, avaient tout leur charme et tout leur prestige. Il y avait chez lui un tel accord entre la composition et le débit, que ceux mêmes qui, en général, auraient préféré une autre manière de dire, auraient, à l'épreuve, reconnu que cette manière appliquée à ses vers ne leur laissait pas tout le relief qu'ils avaient dans la sienne.

Ceux qui ne l'ont pas entendu, qui sans connaître l'auteur ont connu les œuvres, n'en ont pas senti complétement la valeur. Il n'a dit son dernier mot que pour ceux qui avaient vu l'homme dans le poëte, le poëte dans l'homme, qui avaient complété l'un par l'autre. Pour ceux-là il était un type qu'on aurait altéré en ajoutant d'un côté, en retranchant de l'autre ; plus homme du monde, il n'eut pas eu, complet et achevé, ce moule du vers, où sa pensée passe, et d'où elle sort aussi claire que dans sa conversation, que dans ses lettres ; il n'aurait pas eu cette corde égale où le son vibre à l'unisson du sens ; il ne l'eût pas touchée avec le même art. Plus exclusivement poëte, il aurait voulu en toucher d'autres, et ses poésies n'auraient pas conservé le caractère qui leur est propre et qui les met à part.

Sans doute il y a une hiérarchie dans la république des lettres, malgré son titre, ou peut-être à cause de son titre; et les cordes de la lyre ne sont pas de niveau : il y a les cordes supérieures ; et lorsque chaque siècle fait l'appel de ses poëtes, le premier rang est pour ceux qui les ont fait retentir ; mais ils sont appelés aussi à leur tour ceux qui ont fait vibrer les plus modestes ; il a fait jaillir de la sienne tout ce qu'elle recélait : elle est à lui, son genre est à lui, parce que dans ce genre, nul n'a fait mieux, nul n'a fait aussi bien.

Entre les Tableaux et les Prismes, il y avait eu une révolution politique et un nouveau développement de la révolution littéraire. Il ne céda ni à l'une ni à l'autre : ses pensées ne se détournèrent pas des royaux exilés qui quittaient les Tuileries pour Holy-Rood ; ses soins et ses démarches ne manquèrent pas à l'ami qui passait de la splendeur d'un ministère à l'obscurité d'une prison. Vincennes le vit arriver à travers l'émeute, dans ce jour qui appartint à la politique plutôt qu'à la justice, apportant des consolations au prisonnier, lui apportant la première nouvelle de cette condamnation, sujet d'irritation pour les uns, d'apaisement pour les autres. Ham, cette prison des grandeurs passées et des grandeurs futures, le vit arriver toutes les fois qu'il y avait permission d'aller, et, le congé expiré, son ami lui disait en le quittant et en l'embrassant : Avouez que depuis deux jours je ne suis pas prisonnier.

Il cessa donc d'être Maître des requêtes, montrant ainsi sa fidélité à ses opinions, après avoir montré pendant huit ans sa fidélité à ses devoirs ; il ne cessa pas d'être poëte, et poëte de la nouvelle école, bien qu'il ne la suivît pas dans son nouvel essor et dans ses nouvelles maximes. Choisir et cacher était une règle que les premiers chefs avaient continué d'admettre : seulement ils voulaient une mesure plus large d'un côté, plus étroite de l'autre. Leurs successeurs allèrent plus loin : ne rien exclure et ne rien cacher fut la maxime nouvelle.

Pour tout peindre il faut tout sentir,

avait dit le Poëte, mais il l'avait dit dans un moment d'enthousiasme, mais à propos de l'enthousiasme ; et ce qui n'avait été pour lui que l'élan aveugle d'un moment, devint une marche calculée et suivie. On voulut tout peindre et on commença par essayer de tout sentir. On essaya de toutes les impressions et de toutes les idées, de toutes les opinions et de toutes les conduites ; on posa comme dernier terme du progrès personnel, comme dernier signe de la grandeur humaine, la multiplicité et le fractionnement, au lieu de la concentration et de l'unité ; le contraste au lieu de l'harmonie. L'art devint le prétexte et l'excuse de tout : ce qui ne devrait être qu'une parure pour la société, fut un danger pour elle, une source de richesse pour quelques-uns, de corruption pour tous les autres. L'égoïsme de l'art ne vaut pas mieux que l'égoïsme de l'intérêt, et pris dans toute leur étendue et leur indifférence, ces mots : l'art pour l'art ; et ceux-ci : chacun chez soi, chacun pour soi, sont des mots de la même langue et de la même portée.

La séparation était inévitable entre les enrôlés divers du drapeau de la Muse française. Ils avaient combattu sous la même devise, mais avec des interprétations différentes. Le romantisme voulait dire, pour les uns, le christianisme au lieu du paganisme; pour les autres, le moyen âge au lieu de l'antiquité; pour ceux-ci, l'indépendance au lieu des règles, et l'indépendance poussée jusqu'à la licence. C'est ce dernier sens qui finit par prévaloir chez le grand nombre; c'est sur cette pente que s'établit le grand courant qui surmonta bientôt les rives de la vallée pleine d'ombre à la fois et de lumière, de fraîcheur bienfaisante et de productive chaleur, et déborda dans cette plaine sans obstacle, sans limite, où va peut-être s'épuiser bientôt et s'absorber dans le réalisme ce qui reste dans la parole humaine de sève spiritualiste, et d'essence immortelle.

M. de Rességuier ne pouvait entrer dans ce nouveau courant. Sa poétique se résumait en ce peu de mots : N'imitez pas; soyez vous-mêmes.

Il resta donc à part; mais il n'y resta pas seul; plus d'un de ses anciens frères d'armes de la première campagne se tinrent comme lui en dehors de la seconde. Il les voyait dans les rendez-vous du matin, dans les réunions du soir, chez Guiraud, chez Jules Lefèvre; il les appela chez lui, et son salon devint, comme l'avait été celui de la duchesse de Duras, comme l'étaient encore ceux de la duchesse de Rausan, de Mme de Virieu, de Mme Emile de Girardin, et quelques autres, un des rendez-vous quotidiens des hommes de lettres, des hommes d'esprit et des femmes distinguées.

On y causait, et on y lisait des vers : Mme de Girardin interrompait une conversation piquante, et faisait succéder à ses mots brillants ses vers harmonieux, plus harmonieux encore quand elle les disait : Alfred de Vigny, Briseux, Guiraud, Soumet, Emile Deschamp, étaient tour à tour applaudis, et ce qu'ils détachaient de leur riche écrin, mêlait un éclat de plus à l'éclat mondain de la réunion. Les deux domaines étaient réunis : la même politesse d'un côté, une égale sympathie de l'autre, effaçaient les barrières, et tous semblaient être sur leur terrain.

On ne disait pas en sortant : J'ai perdu ma soirée ; et le maître de la maison avait gagné la sienne ; il l'avait gagnée au profit de l'innovation modérée, au profit de cette opinion mixte, où ont fini par se rencontrer les Classiques qui ont fait un pas, et les Romantiques qui se sont arrêtés et où ils ne sont plus aujourd'hui distingués par des noms, désormais sans application et sans écho.

Ses matinées n'étaient pas moins remplies que ses soirées. C'était une nouvelle, un article de littérature ou d'art, un compte rendu à écrire pour les publications collectives, les journaux ou les revues de cette époque. C'était le livre nouveau à lire, l'écrivain inconnu ou le vétéran célèbre à féliciter ou à consoler. Jocelin paraissait, et après une nuit passée à lire l'ouvrage, des vers étaient portés de la rue Taitbout à la rue de l'Université, et d'autres vers étaient rapportés de la rue de l'Université à la rue Taitbout. Il y pouvait lire :

> Ton cœur sonore de poëte
> Est semblable à ces urnes d'or,
> Où la moindre aumône qu'on jette
> Résonne comme un grand trésor.

Il avait publié *Almaria* en 1836, et si les scènes du roman n'eurent pas le même succès que les Tableaux de sa poésie, si le volume de prose ne fut pas au niveau des deux volumes de vers, cela tient peut-être à ce que j'indiquais plus haut : ses Tableaux et ses Prismes ont une réalité, la réalité de ce qu'il éprouve : ils ont une vie, la sienne ; mais l'héroïne de son roman ne peut ainsi trouver ailleurs ce qui peut manquer en elle pour prendre corps dans l'esprit des lecteurs et les passionner : c'est à elle de vivre : elle ne vit pas assez.

La première partie du roman a le charme impersonnel du rêve. Cette blanche jeune fille qui apparaît un moment dans le palais de son père pour que son père et sa mère se consolent, qui vient de sa cellule de carmélite et qui va y revenir, n'est qu'à demi sur la terre ; et lorsqu'elle semble n'y être plus, on accepte tout de suite qu'elle ait regagné sa véritable patrie, et que la pensée et l'amour de Fernand aillent l'y chercher.

C'est là qu'on la voit, ainsi que lui, et on est comme déconcerté de la retrouver sur la terre dans la deuxième partie, comme embarrassé d'accepter la réalité qui l'y replace et le rôle qu'elle y joue.

Le style en est pur et la prose de l'écrivain ne fait pas tort aux vers du Poëte.

Ainsi s'écoulaient pour notre confrère, entre la prose et les vers, entre le monde et la famille, ces années de Paris que ses relations lui faisaient si brillantes et si douces. Mais sa vie dut bientôt prendre un autre cours ; et à cette épreuve, qui avait marqué l'intervalle entre les Tableaux et les Prismes, en succéda, entre les Prismes et les dernières poésies, une autre plus difficile à supporter. Il la supporta de même.

Paris est à deux cents lieues : ce n'est plus l'hôtel de la rue Taitbout, c'est la *petite maison* de la vallée de la Save ; mais c'est lui encore, et lui tout entier. Il n'a pas laissé à Paris l'entrain de son esprit, l'empressement de son accueil, la sympathie de ses paroles ; il a tout emporté. Il a fallu du courage, et il en a eu ; il en faut encore, et il ne cesse pas d'en avoir. Il l'emploie contre le passé et en faveur du présent, et bientôt il les force de se rapprocher et de se fondre. Sa maison est pour lui ce qu'était l'hôtel ; il y fait les mêmes choses : il n'a pas, pour y allumer l'éclat de ses vers, les mille bougies des salons ; il a les rayons du soleil à travers le voile des arbres et le crépuscule autour de son banc ; il n'a plus l'écho du public ou d'une brillante élite, il n'a que l'écho de la solitude et la présence d'un ami : la solitude et l'ami lui suffisent.

Il aura d'autres secours plus tard. Plus tard il viendra un moment où à la *petite maison* de Sauveterre répondra la *petite chambre* de Toulouse.

C'est là que vous allâtes le chercher aux premiers temps de son retour, les uns pour renouer, au bout de trente ans, les liens du passé et leur donner une nouvelle force ; les autres pour leur donner une réalité qu'ils n'avaient pas encore eue : les premiers oubliant dans ce qu'ils retrouvaient ce qu'ils ne retrouvaient plus ; les derniers devinant dans ce qui était ce qui avait été ; tous recevant avec l'impression de son âge une impression contraire : ce qu'on entendait contredisait ce qu'on voyait ; on ne sentait son âge qu'en le quittant ; on le sentait comme une menace.

C'est de là qu'il partait, quand, réveillant pour vous l'activité oubliée des heures du soir, il apportait à vos réunions particulières l'imagination de la jeunesse et le jugement de l'âge mûr ; ou que, retrouvant l'activité presque également oubliée des heures du matin, il paraissait devant un public heureux de le reconnaître et impatient de l'entendre. Les vers qui alors sortaient du secret de la solitude pour briller au grand jour, n'étaient pas comme ces joyaux de l'aïeule qu'on n'y peut produire que rajeunis par un travail nouveau ; et ces fleurs, nées en apparence sous la neige, avaient la même fraîcheur que celles épanouies à son printemps.

Mais vos souvenirs effacent mes paroles, et si j'avais besoin tout à l'heure de pages nombreuses, et cependant insuffisantes pour vous exprimer ce qu'à Paris, au temps de la Muse française, voulaient dire ces mots : Jules de Rességuier ; je n'en ai pas besoin pour vous expliquer ce que de nos jours ils voulaient dire à Toulouse ; elles ne me sont nécessaires que pour achever de vous rendre ce qu'ils voulaient dire à Sauveterre.

Ils avaient là une signification qui couronnait toutes celles du passé ;

Ils voulaient dire le propriétaire qui oublie ses intérêts pour ceux des autres ;

Le maître qui oublie de commander pour plaire, qui est chez lui, non pas pour ordonner, mais pour obliger ;

Près de qui ceux qui ont à parler d'eux-mêmes et de ce qu'il peut faire pour eux, sont toujours les bienvenus ; près de qui ceux qui ont à lui parler de ce qui ne regarde que lui, ne viennent qu'après ;

Ils voulaient dire : l'être bon, et bon à toutes les heures, dans toutes les occasions, dans celles qui naissaient et dans celles qu'il faisait naître ;

Ils voulaient dire : l'esprit aimable, et aimable toute la journée, dans les sujets où il vous faisait entrer, comme dans ceux où il vous suivait.

La vie de la campagne pour lui était la faculté, quand il était seul, de songer, de se souvenir, de réunir les pages du passé, de préparer celles de l'avenir ; la faculté, quand il avait des hôtes, d'être occupé d'eux du matin au soir, mettant à leur disposition toutes ses ressources d'homme d'esprit, toute sa grâce d'homme du monde, toute sa facilité d'homme bienveillant et doux, toute sa verve de poëte : s'il faisait des vers, il vous les lisait ; si vous en aviez fait, il les écoutait ; il vous communiquait sa gaîté, il adoucissait avec vous sa tristesse, et bientôt ses paroles étaient comme un écho de ces vers :

> Ah! ne nous plaignons pas!

C'est là surtout qu'il fallait le voir, là qu'était le cadre de son vrai portrait, là que je voudrais achever de le peindre.

Qu'y avait-il donc dans ce lieu pour que le maître y parût supérieur à lui-même, pour que les hôtes se sentissent différents, pour qu'il ne ressemblât à aucun autre ?

Il y avait un fond de bienveillance qui était comme l'accompagnement de tout ce qu'on y disait, de tout ce qu'on y entendait ; accompagnement toujours sensible, même lorsque les notes du chant étaient indécises, même lorsqu'elles se taisaient ;

Il y avait l'harmonie :

L'harmonie des personnes avec les choses, et des personnes entre elles ; du mari et de la femme, des parents et des enfants, de la famille et des amis ; de ce qu'on y voyait et de ce qu'on y disait ;

L'harmonie du passé et du présent, du souvenir et de l'espérance, du portrait de la mère morte et des vers du fils vivant ;

L'harmonie de cette maison, moitié simplicité, moitié luxe ; de ce pays, moitié plaine, moitié montagne, et de cette vie et de cette conversation, prose et poésie à la fois.

C'est un bienfaisant résultat des jours écoulés, lorsque l'unité se fait dans notre vie, non pas l'unité d'un son unique, mais celle de l'accord. Une pensée, un sentiment domine, et c'est dans ce sentiment que l'accord s'établit, que l'unité se fait. Chez lui, elle s'était faite dans la bienveillance, dans la bonté, dans ce je ne sais quoi en lui qui répondait toujours à la tendresse des siens, à l'affection des amis, à l'empressement des étrangers ; et cette unité qu'avait faite en lui l'action de la vie et des choses, il semblait qu'il l'eût faite autour de lui. Cette *petite maison*, qui reparaît si souvent dans ses vers, cette aile construite en 1819, seule partie exécutée d'un plan plus vaste, il l'avait refaite en quelque sorte ; il l'avait arrangée, disposée ; il se l'était comme assimilée. Elle semblait avoir quelque chose de lui, quelque chose de son caractère hospitalier. Elle semblait petite, pour qu'il fût plus près de ses hôtes, ses hôtes plus près de lui. Elle semblait sonore, pour que nul n'y restât isolé, pour que les vers et la conversation y arrivassent à tous. Elle était simple et elle était élégante ; à l'intérieur on songeait à Paris, à l'extérieur on voyait les Pyrénées. Elle paraissait faite pour la vie en commun, mais pour la vie en commun par l'attrait : chacun était libre, mais chacun faisait de sa liberté le même usage; et lui allait, venait, écrivait, causait; et cela de telle façon, avec une telle physionomie, qu'on n'était jamais de trop ; la vie personnelle devenait ainsi la vie commune.

Oh ! qui peut l'avoir connue, y avoir été associé, et ne s'y pas reporter, et n'en pas recommencer les heures ?

Je vous vois encore, murs simples de la simple maison, détails intérieurs, ensemble du dehors, arbres à l'entour, clocher au loin, montagnes à l'horizon ! J'entends encore celui qui jouissait de ce que vous étiez, — de ce que vous n'êtes plus entièrement —, et qui en faisait jouir les autres ! Et ce m'est une consolation de vous voir ; et ce ne m'est pas seulement une consolation de l'entendre, ce m'est une promesse. Oui, il y a une révélation, il y a une lumière dans les souvenirs, dans cette vie que nous laissons après nous, que tous laissent, que les écrivains, que les poëtes laissent plus que les autres. Quoi ! donner la durée à sa parole, à sa pensée ; laisser une mémoire vivante et mourir ! oh ! le passé n'est pas le passé, le terme n'est pas le terme ;

la mort n'est qu'un acheminement, n'est qu'un passage!

Le temps de ce passage était arrivé : il l'avait senti ; et celui qui, vingt ans avant, était mort si courageusement à la vie de Paris, accepta avec le même courage le dernier sacrifice. Sa femme et ses enfants l'entourent, son digne curé accourt, c'est lui qui les console, qui les affermit. Deux choses marquèrent en lui tous les moments de cette agonie de plusieurs jours. L'oubli de soi, la pensée de Dieu : la pensée de Dieu à laquelle il associait celle des autres, celle de sa famille et de ses amis. Il fut d'une tendresse pour les siens que rien ne peut rendre : disant à chacun ce qui lui était propre, rappelant les détails où chacun était plus particulièrement mêlé. Je veux, leur avait-il dit, vous faire la confession de ma tendresse, comme je viens de faire la confession de mes fautes : je veux, avant que la langue s'embarrasse, et que le fil des idées s'embrouille, revenir avec vous sur le passé ; et il le fit avec une simplicité, une sincérité et en même temps une éloquence qui le montrèrent à la fois le même et autre, à la fois égal à lui-même et supérieur. Nul retour sur ses souffrances de malade, sur ses intérêts de poëte, sur ses manuscrits épars et inédits : il commença de dire : J'ai voulu rassembler — et s'interrompant aussitôt : non, il vaut mieux qu'il en soit ainsi, — les douceurs de l'humilité lui paraissant bien supérieures aux satisfactions de l'amour-propre. — Tel il fut jusqu'à la fin. Il assistait en quelque sorte à ses derniers moments, et il les dominait. Il réglait toute chose, comme si, dans ce qu'il était et dans ce qu'il allait être, il en avait vu l'ordre et l'instant. Il s'occupa des dispositions de ses obsèques, comme il s'était occupé des préparatifs des derniers sacrements. Le dernier jour, il voulut parler à ses domestiques, et comme on lui disait : Demain, il répondit : Demain serait trop tard. Après qu'il leur eut parlé, il se tourna vers sa femme : Et maintenant un dernier sacrifice, un dernier adieu, lui dit-il ; et dès qu'elle eut obéi, les derniers moments de l'agonie commencèrent. Il levait de temps en temps les yeux vers le Christ suspendu au pied de son lit, et enfin il leva les deux mains, et expira.

La veille, il avait dit à son plus jeune fils, en lui tendant le crucifix qu'il venait de baiser : « Mon en» fant, moi aussi j'ai été bien jeune ; mais, crois» moi, ce que tu vois là n'est pas un signe de vieil» lesse. » Le lendemain, le fils disait à ses frères : Que n'ont-ils vu ce que nous avons vu, ceux qui regardent la mort comme un terme ! mon père la leur aurait montrée comme un départ.

Et vous, Monsieur, hôte dès le matin de cette région sereine, où notre regretté confrère ne s'éleva complétement qu'au soir de sa vie, votre parole a eu, dans tous les jours d'un saint ministère, ce caractère qu'eut la sienne au jour suprême. Celui qui mesure les secours aux besoins, et qui veille, père infatigable, sur son immortelle fille ; celui qui a donné à notre siècle ces voix où a retenti un écho de sa divine parole ; qui les a fait se répondre, d'un bout de la France à l'autre, n'a pas, dans ce juste partage, oublié notre pays. Nous aussi, nous avons pu tenir d'un élu de notre contrée cette manne privilégiée qu'il est donné à si peu de distribuer, et après avoir été heureux de la recevoir, nous avons été heureux et fiers que sur des points divers, qu'au centre où tous aboutissent, d'autres aient pu la recevoir des mêmes mains et s'en nourrir à leur tour. C'est vous qui nous ferez trouver l'adoucissement que je cherchais en commençant : par vous nous retrouverons le passé, nous anticiperons l'avenir; car vous êtes de ceux près de qui on apprend à être mieux consolé et plus ferme, en apprenant à croire plus, à espérer mieux ; par vous sera comblé, aussi également qu'il peut l'être, le vide que nous a laissé celui qui n'est plus : l'Éloquence est sœur de la Poésie.

Toulouse, Imprimerie Ch. Douladoure ;
Rouget frères et Delahaut, succrs, rue Saint-Rome, 39.

www.ingramcontent.com/pod-product-compliance
Lightning Source LLC
Chambersburg PA
CBHW060508050426
42451CB00009B/880